VENTE DES 12, 13, 14 DÉCEMBRE 1893

et Jours suivants

FAÏENCES DE ROUEN

Strasbourg, Marseille, Nevers, Delft, etc.

OBJETS DE VITRINES

MINIATURES

Montres, Éventails, Bonbonnières

FERRONNERIE

MEUBLES ANCIENS

LE TOUT COMPOSANT LA

Collection de feu M. TRANCHEPAIN

ROUEN

HOTEL DES VENTES

85, Rue des Carmes, 85

—

1893

VENTE DES 12, 13, 14 DÉCEMBRE 1893

et Jours suivants

FAÏENCES DE ROUEN

Strasbourg, Marseille, Nevers, Delft, etc.

OBJETS DE VITRINES

MINIATURES

Montres, Éventails, Bonbonnières

FERRONNERIE

MEUBLES ANCIENS

LE TOUT COMPOSANT LA

Collection de feu M. TRANCHEPAIN

ROUEN

HOTEL DES VENTES

85, Rue des Carmes, 85

1893

OBJETS D'ART

ET DE

CURIOSITÉ

Belles Faïences de Rouen à décors polychrome, bleu et rouille et bleu, dont une Assiette à fond jaune d'ocre; Faïences de Nevers, de Delft et autres; quelques Porcelaines; Armes orientales et autres; Sculptures en bois et en ivoire; Miniatures du XVIIIe siècle et autres; Bijoux, Bonbonnières, Tabatières, Nécessaires, des XVIIe et XVIIIe siècles; Verrerie; Eventails Louis XV et Louis XVI; quantité d'Objets variés; Bronzes d'Ameublement.

Crédence en bois de chêne.

Quelques Meubles du XVIIIe siècle, dont une jolie Commode Louis XVI en marqueterie de bois.

Le tout comprenant la Collection de feu M. TRANCHEPAIN, et dont la vente aux enchères publiques aura lieu.

CONDITIONS DE LA VENTE

La vente se fait au comptant. — Les acquéreurs paieront 10 0/0 en sus des enchères, applicables aux frais.

En cas de contestation sur une enchère, l'objet sera immédiatement remis en vente.

L'ordre des vacations sera respecté. — Toutefois le Commissaire-Priseur pourra ne pas suivre l'ordre numérique du Catalogue à chaque vacation.

Les tares et défauts seront annoncés à chaque mise en vente.

L'Exposition permettant à l'acquéreur de se rendre compte des objets, aucune réclamation ne sera admise une fois l'adjudication prononcée.

Des objets non catalogués seront vendus à chaque vacation ; les numéros pourront être divisés.

ORDRE DES VACATIONS :

Mardi 12. — Faïences et Porcelaines étrangères, Faïences de Rouen.

Mercredi 13. — Faïences de Rouen, Verreries.

Jeudi 14. — Miniatures, Montres, Eventails, Bonbonnières, Bijoux.

Vendredi 15. — Ferronnerie, Armes, Médailles, Ivoires, Curiosités.

Samedi 16. — Coffrets, Cartels, Meubles.

EXPOSITION le Lundi 11 Décembre, de 2 à 4 heures

M. Houzard, *Expert, demeurant à Rouen, 1 bis, rue Longue.*

VENTE

D'OBJETS D'ART ET DE CURIOSITÉ

1. **Chine**. Deux petits Vases, forme bouteille, décorés d'ornements et de personnages.
— Un petit Pot à côtes, fleurs et oiseaux.
— Une petite Théière décorée.

2. **Italie**. XIVᵉ siècle. Vase de pharmacie à deux anses, décoré de deux écussons armoriés.

3. **Arras**. Pot cylindrique couvert, en ancienne porcelaine d'Arras, à décor bleu, dans le goût des produits de Saint-Cloud.

4. **Saint-Cloud**. Quatre petits Pots cylindriques, à personnages, avec couvercles, en ancienne porcelaine tendre de Saint-Cloud, à décor bleu.

5. — Tasse sans anses, avec soucoupe, en porcelaine de Saint-Cloud, décorée de fleurs en camaïeu bleu.
   Marque du directeur TROU.

6. **Faïence**. Plaque de poêle, offrant en bas-relief deux génies debout et des groupes de fruits décorés en émaux de couleurs.

7. — Chandelier à base carrée et à tige droite cannelée, à décor en camaïeu bleu, composé de feuillages et d'ornements.

8. **Nevers**. Buire à panse Ovoïde, décorée en camaïeu bleu, à personnages de style Chinois.

    Faïence de Nevers.

9. — Petit Plat rond à décor bleu, au fond, paysage avec personnages dans le goût chinois, au marli, compartiments de paysages séparés par des fleurons.

    Faïence de Nevers.

9 *bis*. — Grand Plat rond décoré en camaïeu bleu, au fond, quatre motifs fleuris, au marli, couronnes de fleurs arabesques.

    Faïence de Nevers.

10. **Lorraine**. Jardinière applique à deux anses, à décor polychrome et rehauts de dorure, à médaillon de paysage.

11. **Castelli**. Petite Coupe faïence, sujet biblique.

12. **Italie**. Une petite Coupe à deux anses.

13. **Urbino**. Coupe hémisphérique décorée d'une figure de guerrier.

14. — Coupe ronde à côtes, scène tirée de l'histoire d'Apollon.

15. Assiette à décor bleu rayonnant et fleurons dans les entre-deux.

    Marquée M. 3.

16. **Faïence**. Plat rond à décor bleu, au fond large écusson armorié, au marli et à la chute ornements variés.

17. **Delft**. Assiette à décor bleu, au centre, large rosace, au marli et à la chute lambrequin rayonnant.

18. — Assiette à décor bleu de style rouennais, avec motif symétrique au fond et ornements au marli.

19. — Dessus de Brosse à décor bleu : Génie se jouant parmi des fleurs arabesques.

20. — Deux petites Potiches à pans avec couvercles à décor bleu.

21. **Delft**. Potiche couverte à décor bleu.

22. — Potiche à pans, décorée de feuillages en camaïeu bleu.

23. — Vase forme bouteille, à pans et à col renflé, décoré de feuillages en camaïeu bleu.

24. **Strasbourg et Marseille**. Huit Assiettes en faïence, décorées de fleurs polychromes.
> On divisera.

25. **Chine**. Petit Plat rond en porcelaine vieux Chine, décor polychrome, au fond, groupe de personnages, au marli, compartiments à fleur sur fond quadrillé bleu.

26. — Plat oblong à angles coupés, en porcelaine de Chine, à paysage et cours d'eau en couleur.

27. — Plat rond en vieux Chine, décoré de fleurs et d'ornements.

28. — Assiette en ancienne porcelaine de Chine, décorée en émaux de la famille verte, à fleurs, poissons et insectes.

29. — Deux Assiettes anciennes, porcelaine de Chine, décor polychrome, au fond oiseau, sur arbuste et écusson d'armoiries, au marli, compartiments de fleurs et paysage sur fond bleu à réserve.

30. **Japon**. Plateau, ancienne porcelaine du Japon, à décor en bleu, rouge et or, à compartiments de paysages et feuillages.

31. — Assiette porcelaine en vieux Japon, à décor bleu, rouge et or à fleurs, papillons et ornements.

32. **Siam**. Petite Coupe ronde ou Bol en porcelaine de Siam, à décor de divinités et feuillages en émaux de couleur.

33. **Palissy** (suite de). Petit Plat ovale, au fond, scène mythologique en bas-relief et ornement, et fleurons au bord.

34. **Palissy**. (Suite de). Plat rond à bords évasés, au fond, en bas-relief, les Disciples d'Emmaüs, le bord goudronné est décoré de branches fleuries.

35. **Faïences dites patriotiques**. Environ 25 Assiettes à sujets polychromes.
  Ce lot sera divisé.

36. **Rouen**. Petit Pot à pommade de forme cylindrique, à décor bleu, à lambrequin au pourtour, et motif rayonnant sur le couvercle.

37. — Salière oblongue et à pans, à décor bleu, au fond de la cavité une corbeille, au pourtour compartiments ornés.

38. — Boîte de toilette de forme sphérique sur pied bas, décorée d'ornements et de feuillages en camaïeu bleu.

39. — Petit Pot à côtes, anse et couvercle, décoré d'un lambrequin et de feuillages en camaïeu bleu, avec son plateau à bords festonnés, décoré au pourtour de feuillages et au fond une rosace en camaïeu bleu.

40. — Petit Pot à anse et goulot en S, décoré d'un lambrequin et de feuillages en camaïeu bleu.

41. — Assiette ronde à décor bleu, au fond, un cygne sur un motif circulaire, au marli et à la chute lambrequins et fleurons rayonnant.

42. — Assiette analogue à celle qui précède et pouvant lui servir de pendant.

43. — Pichet à décor bleu, composé de motifs de ferronnerie et de bandes ornées de feuillages.

44. — Petite Coupe ronde à deux anses, décorée intérieurement et extérieurement d'ornements variés en camaïeu bleu; elle porte au fond intérieur le nom de P. Corentin et la date de 1736.
  Une anse est refaite.

45. — Petite Gourde à pans, à décor bleu et rouille, à lambrequins, fleurs et coquilles.

46. Rouen. Assiette à décor bleu, large rosace au fond et couronne de feuillages rayonnant au bord.

47. — Compotier rond à côtes, décor bleu, à large rosace et lambrequin.

48. — Assiette à décor bleu, au centre, une rosace, au marli, couronne de feuillages rayonnant.

49. — Compotier octogone à bords festonnés, décoré en camaïeu bleu, au fond, une corbeille fleurie sur un motif de ferronnerie, au pourtour, lambrequins et guirlandes fleuries.

50. — Compotier à côtes, décor bleu, au fond, corbeille de fleurs sur un motif de ferronnerie, au bord, ornements et festons de fleurs.

51. Assiette à bords festonnés, décor bleu, au fond, corbeille fleurie sur un motif de ferronnerie, au marli, lambrequins et guirlandes.

52. — Bannette oblongue à contours et à deux anses torses, décor bleu, au fond, groupe d'arbustes fleuris, au bord, cordon de feuillages.

53. — Plat à barbe, décor bleu et rouille, au centre, motif de ferronnerie et corbeille de fleurs, au marli, lambrequins et festons de feuillages.

54. — Assiette ronde à décor bleu et rouille, au centre, un cygne entouré de fleurs, au marli et à la chute corbeilles de fleurs, coquilles, fleurons et ornements variés.

55. — Porte-huillier de forme oblongue, à pans et à anses, masques de femmes, décor bleu et rouille, à lambrequins et fleurs; il est accompagné de Burettes en verre taillé.

56. — Assiette ronde à décor bleu et rouille, au fond, une rosace, au marli, petits lambrequins ornés.

57. — Plat rond décoré en bleu et rouille, au centre, motifs de ferronnerie et corbeilles de fleurs, au marli, lambrequins et festons de feuillages.

58. **Rouen.** Assiette à décor bleu et rouille, au centre, une fleur, au marli et à la chute lambrequins ornés et fleurs.

59. — Une Assiette analogue à celle qui précède et pouvant lui servir de pendant.

60. — Assiette décor bleu et rouille, au fond, corbeille fleurie reposant sur un lambrequin orné, au marli et à la chute lambrequins et festons.

61. — Assiette ronde, à décor bleu et rouille. au centre, une fleur, au marli et à la chute lambrequins et rayons rayonnant.

62. — Assiette à décor bleu et rouille, au centre, une fleur, au marli et à la chute lambrequins fleuris rayonnant.

63. — Médaillon rond offrant en bas-relief, et émaillé en couleurs, le profil de Marie-Antoinette, archiduchesse d'Autriche, dauphine de France.

64. — Groupe en faïence: la Vierge debout portant l'Enfant Jésus.

65. — Petite Veilleuse en forme de maison, avec terrasse mobile, décor polychrome.

66. — Burette en forme de pichet, décor polychrome à la corne.

67. — Burette en forme de pichet, décor polychrome de fleurs et d'insectes.

68. — Boîte de toilette de forme cylindrique, décor polychrome à fleurs, feuillages et galon ornés.

69. — Petit Pot à tabac de forme semi-circulaire, décor polychrome à médaillon, personnages chinois fumant, fond à quadrillages et fleurs, au revers chiffre et date de 1738 surmontés d'une couronne de fleurs.

70. — Gobelet à pied bas, décor polychrome à quadrillages et groupe représentant la Vierge et l'Enfant Jésus. au pourtour du pied les noms de Marie Maupoin et la date de 1787.

71. **Rouen**. Très petit Vase en forme de mortier à
deux anses, décor polychrome de style Chinois, à
personnage et oiseaux.

72. — Assiette à bords festonnés, décor polychrome,
au fond, corbeille fleurie, au marli et à la chute lambrequins ornés et guirlandes de fleurs.

73. — Plat à bords festonnés, décor polychrome à
fleurs, au fond, corbeille fleurie et quadrillages avec
réserves au marli.

74. — Petite Crédence ou Console applique, composée
d'ornements rocailles décorés en couleurs et offrant
dans une réserve contournée un paysage en camaïeu
bleu.

75. — Petite Assiette a bords festonnés, à fleurs jetées,
polychrome.

76. — Assiette à bords festonnés, décor polychrome,
au fond, haie fleurie, au marli, ornements variés et
fleurs.

77. — Assiette à bords festonnés, décor polychrome à
la corne tronquée.

78. — Assiette à bords festonnés, décor polychrome à
la gargouille.

79. — Assiette à bords festonnés, décor polychrome
à vase au centre et lambrequins, cornes d'abondance
et fleurs au marli et à la chute.

80. — Petit Compotier à bords festonnés, décor polychrome à la corne.

81. — Assiette, décor polychrome à vase de fleurs,
instruments de musique et attributs divers de style
Chinois.

82. — Compotier octogone, décor polychrome, à
paysage et personnages Chinois.

83. — Assiette à bords festonnés, décor polychrome,
au fond, une corbeille de fleurs, au pourtour, compartiments quadrillés, guirlandes, fleurs et feuillages.

84. **Rouen**. Assiette octogone, décor polychrome, au
centre, corbeille fleurie, au pourtour, décor symétrique à guirlandes de fleurs, corbeilles et ornements
variés.

85. — Assiette à bords festonnés. décor polychrome
de branches de fleurs et dans la partie inférieure
deux canards sur les eaux.

86. — Assiette à bords festonnés. décor polychrome à
urne et vase de fleurs et médaillon paysage.

87. — Assiette à bords festonnés décorée d'un paysage
avec cours d'eau. de style Chinois, avec personnages,
le tout en couleur.

88. — Assiette à bords festonnés, décor polychrome à
paysage et personnage Chinois. Ce dernier tient un
drapeau.

89. — Assiette à bords festonnés, décor polychrome,
au fond, oiseaux reposant sur un motif rocailleux
entouré de fleurs, au marli, ornements et fleurs.

90. — Assiette à bords festonnés, au fond, paysage
avec pagodes, au marli, quadrillages et réserves de
fleurs.

91. — Assiette à bords festonnés, au fond, paysage avec
pagodes, au marli, quadrillages et réserves de
fleurs.

92. — Assiette à décor polychrome, au fond, branches
de fleurs, au marli crevettes et quadrillages.

93. — Bénitier avec applique ornée d'une tête de
chérubin et de deux anges debout, décor bleu à
figures et ornements.

94. — Vase forme balustre, avec couvercle, décor bleu
à arbustes, fleurs et ornements.

95. — Compotier octogone à décor bleu, au fond,
écusson armorié surmonté d'une couronne de comte,
au bord, corbeille fleurie et festons de feuillages.

96. **Rouen**. Assiette de même décor et portant les mêmes armoiries que la pièce qui précède.

97. — Assiette à décor bleu, au fond, double écusson d'armoiries surmonté d'une couronne de marquis.

98. — Assiette à décor bleu, au fond, écusson armorié, au marli, lambrequins et fleurettes.

99. — Assiette à bords festonnés, décor bleu, au centre, armoiries soutenues par deux lions, au marli rinceaux et festons de fleurs.

100. — Boîte à épices à trois compartiments et à couvercle, décorée d'ornements et de feuillages en camaïeu bleu.

101. — Aiguière forme casque à décor bleu et goulot orné d'un mascaron.

102. — Plat rond à décor bleu, au fond, rosace entourée de motifs symétriques, avec couronne de feuilles au pourtour, le marli présente des lambrequins et des fleurons rayonnant.

103. — Plat rond à décor bleu, au fond, large motif de ferronnerie, avec vase au centre supporté, ainsi que deux cornes d'abondance, par des figures d'enfant, le marli est décoré de lambrequins rayonnant.

104. — Grand Plat rond à décor bleu, au centre, une rosace, au pourtour, à la chute et au marli, principe d'ornements rayonnant, avec motif de ferronnerie dans les entre-deux.

105. — Grand Plat rond à décor bleu, au fond, une rosace entourée d'un motif symétrique à fleurons et ornements, au marli, lambrequins et fleurettes.

106. — Sucrière en forme de vase, à couvercle dôme, à décor de lambrequins et ornements variés en camaïeu bleu.

107. — Glacière de forme cylindrique surbaissée, à deux anses et à couvercle surmonté d'un bouton central et d'un bord droit, décor bleu à rinceaux et compartiment rayonnant.

108. **Rouen**. Boîte à épices de forme oblongue et à pans, avec couvercle et à trois compartiments à l'intérieur, décor bleu et rouille à festons de fleurs, quadrillages et ornements variés.

109. — Buste couronné d'un Empereur romain reposant sur un socle marqué d'un monogramme.
   Imitation de marbre.

110. — Crédence ou Console applique à décor bleu et rouille rehaussé de jaune, composé de lambrequins, de rinceaux et d'ornements variés.

111. — Bannette oblongue, à pans et à deux anses, décor bleu et rouille, au fond, motif fleuronné à rinceaux, au bord, large galon orné et à la chute lambrequins et fleurons rayonnant.

112. — Grand et beau Plat rond, décor bleu et rouille, au fond, paysage chinois avec personnages dans une couronne de rinceaux, au marli, riches lambrequins à fleurons et ornements variés.
   Ce plat a malheureusement été restauré.

113. — Aiguière forme casque à décor de lambrequins et d'ornements en bleu et rouille et à goulot formé d'un mascaron.

114. — Boîte à épices à trois places, le couvercle surmonté d'un bouton forme fleuron, décor bleu et rouille à lambrequins, quadrillages, fleurs et ornements.

115. — Saucière oblongue à deux anses, décor bleu et rouille à corbeille et festons de fleurs à l'intérieur, et ornements à l'extérieur.
   Les deux anses sont refaites.

116. — Compotier octogone à décor bleu et rouille, au fond, une corbeille de fleurs, au bord et à la chute, décor rayonnant, composé de lambrequins et de corbeilles de fleurs.

117. — Plateau octogone à deux anses, décor en camaïeu bleu rehaussé de rouille, au fond, dans un paysage, Vénus bande les yeux de l'amour, au bord, lambrequins ornés et coquilles.
   Belle qualité.

118. Rouen. Assiette à bords festonnés, décor polychrome, au fond et au marli, ornements rocailles,
cornes d'abondance, fleurs et oiseaux.

119. — Assiette à bords festonnés, décor polychrome,
au fond, haie, dragon, oiseaux et branches fleuries,
au marli, fleurs et feuillages.

120. — Petit Chauffe-Mains en forme de livre, décor
polychrome à arbustes fleuris, sur terrasse accidentée.

121. — Écritoire à fronton et tiroirs, décor polychrome
à rosaces, quadrillages et guirlandes de fleurs.
    Diverses restaurations.

122. — Bannette oblongue à contour et à deux anses,
décor polychrome au carquois.

123. — Bannette oblongue à contour et à deux anses,
décor polychrome au carquois.

124. — Pichet couvert, décor polychrome et figure de
saint Pierre en camaïeu bleu. Il porte les noms Pierre
Quevesne et la date 1737.

125. — Plat rond à bords festonnés, décor polychrome
au carquois.

126. — Assiette à bords festonnés, décor polychrome,
au centre corbeille de fleurs, au marli et à la chute
riches lambrequins, coquilles et ornements variés, le
tout de ton très accentué.

127. — Assiette à bords festonnés, décor polychrome
au carquois, le marli présente des quadrillages, des
ornements et des fleurs.

128. — Bannette oblongue à contours et à deux anses,
décor polychrome à la double corne.

129. — Plat rond à bords festonnés, décor polychrome,
au fond, paysage avec volatiles et insectes, au marli,
couronne de fleurs.

130. — Soupière oblongue couverte et à deux anses,
attribuée à Levavasseur et décorée de paysages ma-
ritimes avec personnages, sur le couvercle, groupe
de fleurs et de fruits.

131. Rouen. Assiette à bords festonnés, décor polychrome de Levavasseur, au fond, arbustes, oiseaux,
au marli, jetées de fleurs.

132. — Assiette décor polychrome de Levavasseur,
avec groupe de personnages dans un paysage mari-
time au fond et groupe d'animaux et d'oiseaux au
marli.

133. — Assiette à bords festonnés, décor polychrome
de Levavasseur, au fond, des arbustes avec oiseaux,
au marli, branches de cerises.

134. — Saucière oblongue et à deux anses, décor polychrome, au fond. rochers, arbustes fleuris et oiseau,
au pourtour intérieur, galon à fond jaune, à l'extérieur branches de feuillages.

135. — Deux Mules à talon jaune, le dessus à cartouche
quadrillé, palmette et ornements polychromes.

136. — Ecuelle ronde à deux anses plates formées de
doubles dauphins, décor polychrome à branches fleuries, le bouton du couvercle est formé d'un fruit.

137. — Sucrière légèrement conique à couvercle en
dôme repercé à jour, décor polychrome.

138. — Assiette avec chiffre au centre dans un cartouche orné en camaïeu bleu, et couronne de fruits,
de fleurs et de feuillages au marli, se détachant en
couleur sur fond bleu.

139. — Petite Lampe de suspension, de forme sphérique, avec attaches ornées de mascarons, décor polychrome à guirlande de fleurs et ornements.

140. — Plat oblong à angles coupés. décor polychrome,
au fond, corbeille fleurie, au pourtour, urnes, lambrequins, coquille et guirlandes de fleurs.

141. — Petite Fontaine applique en forme de vase,
surmontée d'un fronton composé d'une coquille et de
deux dauphins, décor polychrome à guirlandes de
fleurs et ornements.

142. Rouen. Bannette à pans et à deux anses, décor polychrome, au fond, paysage avec pagodes, au bord, quadrillages et réserves de fleurs, au revers, la marque G S 2 (Guillibaud).

143. — Soupière oblongue avec couvercle surmonté d'un fruit, à ornements rocailles en relief et décor polychrome à fleurs.

144. — Grand Plat rond à bords festonnés, décor polychrome à la double corne.

145. — Assiette à bords festonnés, décor polychrome. au fond, une corbeille de fleurs supportée par un amour, couronne d'ornements, fleurs et deux personnages, l'un d'eux tenant un lapin, et l'autre battant de la caisse, au marli, fleurs, ornements et mascarons.

146. — Assiette à décor bleu sur fond jaune ocré, rosace au centre et palmettes quadrillagées, et ornements variés au marli.

147. Sous ce numéro. Objets en bois sculpté.
   Ce numéro sera divisé.

148. Sous ce numéro, plusieurs Boussoles anciennes.

149. Sous ce numéro seront vendus beaucoup d'Objets non catalogués.

150. Plusieurs Vases étrusques décorés de figures rouges sur fond noir.
   Deux ne sont pas décorés.

151. **Médailles et Monnaies**. Sous ce numéro, médailles anciennes et modernes. monnaies bronze et argent, croix, etc.
   Sera divisé.

152. **Boutons d'habit**. Une Collection d'environ 120 boutons d'habit, mosaïque, peinture, ivoire peint, émaux, etc.
   Pourra être divisé.

153. **Bronze**. Statuettes et Objets en métal.
     Ce numéro sera divisé.

154. **Biscuit**. Deux petits Groupes en biscuit: les Baisers d'Houdon.

155. **Porcelaine**. Diverses Statuettes en porcelaine et en biscuit.
     Ce lot sera divisé.

156. **Curiosité**. Une Coupe en agate rubannée.

157. Sous ce numéro, quantité de Verrerie.
     Sera divisé.

158. **Verrerie**. Sucrière en forme de vase, verre taillé, le couvercle également en verre et se vissant est ajouré.

159. **Broderie**. Une Bourse ancienne, broderies en relief, au pourtour, semis de fleurs de lys, sur le fond extérieur, un écusson armorié surmonté d'une couronne de marquis.
— Deux Boîtes rondes, broderies argent en relief.
— Une autre Bourse.
     4 Pièces.

160. **Armes**. Collection d'armes anciennes et modernes. Epées, pistolets, sabres, lances, casques, etc.
     Sera divisé.

161. — Une paire Pistolets à deux canons très bien damasquinés. A Paris, chez Tochard, époque Louis XV.

162. — Un Glaive d'exécuteur, arme ancienne. Sur la lame est gravée une inscription en langue allemande :
     Lorsque je lève le glaive,
     Je souhaite au criminel la vie éternelle !
     Les juges punissent le crime :
     Moi j'exécute leur arrêt mortel.

163. **Curiosité**. Une Boîte, imitation de volume in-4°, recouverte de maroquin rouge, ornements dorés, sur les plats, les armes de Camus de Pontcarré.
— Une petite Boîte, imitation de volume, recouverte de maroquin rouge, ornements dorés au petit fer.
     2 Pièces.

164. **Email**. Rape à tabac (couvercle de), émail de
Limoges, médaillon, tête de Romain, bouquet de
fleurs et de feuillages.

165. — Une Tasse à anses émaillée, au fond, sujet,
saint Léonarde, avec la signature I. L, au pourtour
intérieur et extérieur, guirlandes de feuillages, rinceaux or, fleurs et oiseaux, au fond extérieur,
paysage.

> Manque une anse.

166. **Curiosité**. Une Coupe argent ; dans le corps
sont incrustés six jetons anciens en argent.

DÉDICACE :

Souvenir de bonne Camaraderie

Offert par Caillez.

167. — Une Tasse en argent pour déguster les liquides,
le fond est formé d'une pièce de six francs à l'effigie
de Louis XVI.

168. **Bijoux**. Bague en or, forme octogone, le chaton,
miniature portrait d'homme.

— Sous ce numéro plusieurs autres Bagues en or et
en argent.

> Sera divisé.

169. — Breloques, Cachets, etc.

> Ce numéro sera divisé.

170. **Ferronnerie** et Objets en métal.

> Ce numéro sera divisé.

171. — Un Verrou tôle repoussée et ciselée, partie
supérieure, une fleur de lys, dans le bas écusson
armoirié, XVIIe siècle.

— Une entrée de Serrure, fer repoussé et ciselé,
époque Louis XIII.

— Une Pince à feu, sur une branche un briquet, sur
l'autre un couteau, pièce finement ciselée, XVIIIe siècle,

> Sera divisé.

172. **Ferronnerie**. Une paire Ciseaux finement repercée à jour.

— Un Cachet à trois faces, le manche porte-cire repercé
à jour, avec applications de cuivre, xviiie siécle.

— Un autre Cachet, sur le manche ornement gravé, la
tête est formée d'ornements ciselés, rinceaux et chi-
mères.

Pourra être divisé.

173. — Pinces coupantes (ou forces) en acier et nacre
de perle, dans un fourreau en fer gravé, xviie siécle.

174. **Curiosité**. Navette Louis XV en acier ciselé,
repercée à jour et appliquée d'or. Elle est décorée de
groupes, de figures, de feuillages et d'ornements.

175. **Ferronnerie**. Clefs en fer et en cuivre.

Ce lot sera divisé.

176. **Curiosité**. Un petit Coffret en cuivre doré, orné
de rinceaux gravés, serrure très curieuse, époque
Louis XIII.

177. **Céramique**. Deux Sphinx à tête humaine, en
faïence, décor polychrome. Satire sur Mme de Main-
tenon?

178. **Porcelaine**. Statuette de jardinier en ancienne
porcelaine de Saxe, décorée au naturel.

179. **Faïence**. Petit Groupe en faïence allemande,
à décor polychrome, composé d'une statuette d'offi-
cier debout devant un cheval couché.

180. — Divers Groupes et figurines en faïence décorée.

Ce lot sera divisé.

181. **Ivoire**. Figurine de femme nue accroupie,
travail moderne.

— Sous ce numéro, Pièces en ivoire non catalogués.

182. — Petit Diptyque du xve siècle, offrant en bas-
relief sous des arceaux en ogive les sujets du couron-
nement de la Vierge et le Christ en croix entre saint
Jean et la Madeleine.

184. **Ivoire**. Trytique du même style, offrant en bas-relief diverses scènes tirées de l'ancien testament.

184. — Petit Groupe en ivoire, deux mendiants.
Travail de Dieppe.

185. — Petit Groupe d'après Graillon, la Famille du pêcheur, composé de cinq personnages.
Travail de Dieppe.

186. — Duquesne, statuette en ivoire sur base en agate.
Travail moderne.

187. — Rape à tabac en ivoire sculpté sur la face et le revers.
Belle pièce.

188. — Bénitier en ivoire sculpté, à personnages sur fond repercé à jour. Joseph reconnu par ses frères.
La date de 1784.

189. **Bijoux normands**. Deux Pendants d'oreilles en or, avec fleurs émaillées accompagnées de pierres taillées.

190. — Petite Croix à bosse en argent, cailloux taillés et grenats.
— Petite Croix à bosse en or et cailloux taillés.
— Petite Croix à bosse argent et cailloux taillés.
— Petite Croix à bosse en or sans pierreries.
Sera divisé.

191. Epingle de cravate en or, forme fleur, le milieu est en émail de couleur et dans les branches fili-grane or.

192. — Esclavage en or, au milieu des médaillons, émaux de couleur et grenat.

193. — Saint-Esprit, argent et pierreries. Saint-Lô.

194. — Très beau Collier argent et pierreries.

195. — Superbe Croix en argent, finement repercée à jour, avec le coulant, pierreries.

196. Bijoux Normands. Une Croix normande avec le cœur, or et pierreries.

Très belle pièce.

197. Meubles. Commode à trois rangées de tiroirs en bois de placage, garnie de bronze et à dessus de marbre, époque Louis XV.

198. — Petite Commode Louis XVI, à deux tiroirs, en marqueterie de bois de couleur à trophées de musique, à dessus de marbre.

199. — Crédence en bois de chêne à pilastres et frises, composée d'ornements dans le goût de la Renaissance. Les trois portes, qui datent du XVIᵉ siècle, représentent les sujets de l'adoration des mages. Les côtés du meuble présentent des figures allégoriques du même travail.

200. — Petit Cabinet fermant à deux portes, plaqué d'écaille et offrant à l'extérieur des appliques en métal, époque Louis XIII.

201. — Petit Bahut fermant à deux portes, composé d'anciens panneaux de bois de chêne sculpté, à personnages debout.

202. — Cabinet Louis XIII, en bois noir, à panneaux gravés, à fleurs et moulures guillochées; l'intérieur du meuble renferme quantité de tiroirs plaqués d'écaille.

203. — Petite Armoire fermant à une porte, décorée d'une figure debout sculptée sur bois de chêne.

204. — Petit Cabinet avec porte à abattant en bois noir incrusté d'ivoire.

205. — Petit Meuble en laque noir, fermant à deux portes.

206. — Une petite Vitrine chêne sculpté, à colonnes torses. Moderne.

— Sous ce numéro, plusieurs Coffrets non catalogués.

207. **Meubles**. Une grande Vitrine moderne, en chêne sculpté, pouvant servir de Bibliothèque.

208. — Coffret en bois incrusté de nacre gravée, à sujets tirés du nouveau testament, xviiᵉ siècle.

209. — Coffret oblong à couvercle bombé, en laque noir, à décor d'or et enrichi d'incrustation de nacre; il est garni d'écoinçons en cuivre découpé.

210. — Coffret époque Louis XIII, en bois inscrusté de nacre gravée à fleurs et à rinceaux.

211. — Coffret en bois recouvert de cuir maroquin noir et garni de ferrures, xviiᵉ siècle.

212. — Pendule et son socle, support en marqueterie d'écaille et cuivre, garnie de bronze et à cartouche d'émail, xviiiᵉ siècle.

213. — Deux petits Candélabres Louis XVI, à figurines de femmes, en bronze vert, tenant des bouquets, à trois branches en cuivre doré et reposant sur des socles en marbre blanc.

214. — Pendule Louis XVI, en marbre blanc et en marbre bleu turquin, garnie de bronzes dorés, modèle à colonnes avec appliques formées de trophées d'armes.

215. **Miniatures**. — Sous ce numéro sera vendu une belle collection de miniatures.

Sera divisé.

216. — Miniature ronde sur ivoire. Portrait de Rosalie Duthé, vue à mi-corps, le sein gauche découvert, fond de paysage.

217. — Miniature sur ivoire. Portrait de dame, époque Louis XVI, cadre orné de Strass.

218. — Miniature sur ivoire. Portrait de dame, époque Louis XIV, cadre moderne.

219. **Miniatures**. Miniature ronde sur vélin. L'Oiseau mort, charmant sujet d'après Greuze.

220. — Miniature ovale sur ivoire. Portrait de dame, signé Gournay, 1825.

221. — Miniature ovale sur ivoire. Portrait de dame, époque Louis-Philippe, signé Pradier.

222. — Miniature ronde sur ivoire, dessus de boîte. Tête d'homme, époque Louis XVI.

223. — Miniature sur ivoire. Portrait d'homme, signé Bouchardon, cadre bronze doré.

224. — Miniature sur ivoire. Portrait d'homme, signé Bordes, 1815, cadre bronze doré, moderne.

225. **Curiosité**. Nécessaire de dame, cinq pièces bouchons en vermeil, étui en galuchat.
— Sous ce numéro, plusieurs Pièces non catalogués.

226. — Petit Nécessaire de dame en nacre, avec application de métal, époque Louis XVI.

227. — Une paire de Boucles de souliers argent et strass.

228. — Boîte du temps de Louis XVI en bois rose et marqueterie à damier; elle renferme divers flacons en cristal, avec bouchons et quelques ustensiles en vermeil.

229. — Une petite Boîte à mouche en écaille, montée en argent ciselé et doré; sur le couvercle, bouquet de métal appliqué.
Belle Pièce.

230. **Bijoux**. Croix religieuse en or, avec coulant détaché. — Croix en filigrane argent, garnie d'émaux et pierreries de couleur.
2 Pièces. — Sera divisé.

231. Bijoux. Une Châtelaine en argent doré, médaillons ivoire.

232. — Clef de montre en forme de fruit, or et pierreries.

— Une petite Breloque en or, avec amétystes.

— Un Pendant d'oreilles or, argent et strass.

— Médaillon de franc-maçon, argent et strass.

> Sera divisé.

233. — Flacon de poche en verre taillé, enveloppé d'ornements en argent doré, rinceaux repercés à jour et au milieu sujet tiré de l'histoire romaine. Le bouchon est en or, époque Louis XV.

> Belle pièce.

234. Eventail. Sous ce numéro on vendra une certaine quantité d'Eventails.

> Sera divisé.

235. — Eventail monture palissandre, sujet imprimé représentant une curieuse scène d'Incroyables dans le jardin du Palais-Royal.

> Très intéressant.

236. — Eventail époque Louis XVI, les branches en ivoire, doré en or de couleur, étoffe brochée, au centre un sujet peint: le Concert, daté de 1771.

237. — Eventail monture ivoire et écaille, charmant sujet, l'Horoscope, peint sur ivoire, entouré d'ornements gravés et dorés.

> Belle pièce époque Louis XV.

238. — Eventail monture en ivoire et nacre, sur la face et au revers, sujet peint: Cléopâtre faisant dissoudre une perle. Les carnations sont en application d'ivoire.

> A besoin d'être recollé.

239. — Eventail en ivoire, les lames finement repercées à jour.

240. **Eventail**. Eventail vernis Martin, un sujet
peint : les Dieux de l'Olympe ; le même sujet calqué
au verso.

241. **Montres**. Sous ce numéro sera vendue une
collection de Montres.

    Sera divisé.

242. — Montre de dame, monture en or, sur le fond du
boitier ornements en relief, au centre, tête d'homme,
le tout en or de couleur.

243. — Montre de dame, monture en or, époque
Louis XV, sur le fond du boîtier, un charmant émail,
tête de dame.

244. — Montre de dame, monture en or, époque
Louis XVI, le dessus émaillé, sur le fond, un sujet :
l'Indiscret.

245. **Bonbonnières et Boîtes**. Nombreuses Boîtes,
Bonbonnières et Tabattières seront vendues sous ce
numéro.

    Sera divisé.

246. **Bonbonnière** en écaille cerclée d'or, sur le couvercle, un émail, grisaille sur fond rose.

247. — Bonbonnière en bois cerclée or, sur le couvercle,
une miniature : Portrait de dame, signé J. Vernes,
1812.

248. — Bonbonnière écaille, sur le couvercle, un fixé
marime, d'après Joseph Vernet.

249. — Bonbonnière ivoire, sur le couvercle, Portrait
de dame, signé Fragonard.

250. — Bonbonnière en nacre cerclée or, sur le couvercle, un Portrait de dame, dessin au crayon.

251. — Bonbonnière en écaille blonde, sur le couvercle, Portrait d'homme, camée en ivoire, signé Botton.

252. Bonbonnière en écaille cerclée or, sur le couvercle Portrait de dame en buste, entourée de nuages,
époque empire.

253. Bonbonnière. Bonbonnière ivoire et écaille,
sur le couvercle, un fixé : la Halte, d'après P. Wouvermans, cercle doré.

Belle pièce.

254. — Bonbonnière en écaille blonde. sur le couververcle, miniature représentant une dame assise
dessinant au tambour, derrière elle, une jeune fille,
tenant un livre est appuyée sur le fauteuil. Très
belle piéce, époque Louis XVI ; sur le fond extérieur
une autre miniature : Portrait de dame, époque
Empire. signé Callault.

Belle pièce.

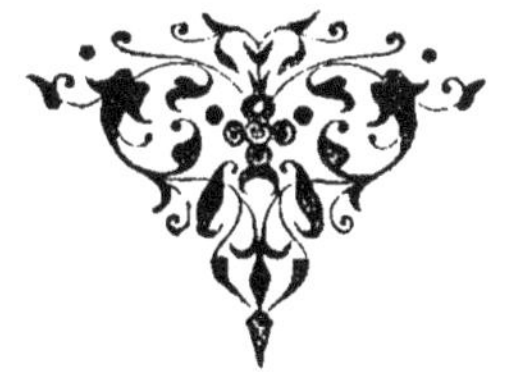

ROUEN
IMPRIMERIE PAUL LEPRÊTRE
75, rue de la Vicomté, 75